장미의 시간을 생각한다

장미의 시간을 생각한다

김도희 시집

문학들

시인의 말

이공계 출신으로, 40년 이상 환경공학 분야에서 시약과 기기를 다루다가 예순을 넘어 문학의 변방에서 서성거리고 있다. 하늘과 땅, 바다와 강, 들과 숲을 드나들며 몽상과 같은 시상을 떠올리기도 하면서 직장생활 가운데 틈틈이 쓴 시를 모아 첫 시집으로 묶는다.

2025년 10월
김도희

차례

5   시인의 말

제1부 잊은 적 없다

13   찔레꽃
14   노란 꽃
15   모과 향기
16   그늘 아래 복숭아
18   주인 바뀐 신발
20   상사화 연정
21   익은 밤
22   고추 인생
23   고추장
24   외롭다는 것은
26   응원과 격려
27   구름 같은 사랑
28   잊은 적 없다
29   검정 나비
30   녹슨 시간
32   아내

제2부 도시 낚시

37   태풍
38   모기에게 묻는다
40   도시 낚시
41   바닷가에서
42   커피 한잔
44   민들레
45   참꽃 사랑
46   봄날
47   입춘
48   봄맛
50   봄
51   건조한 시대
52   등굣길
53   장미의 시간
54   숲길을 걸으며
55   애주가의 변

제3부 시간의 그림자

59 초등 친구
60 해운대 동백섬
61 나의 아버지
62 시골 여행
64 어머니
65 홍시
66 향수
68 김치 담그는 날
69 열차 안에서 만난 사람
70 인간 난로
71 시간의 그림자
72 젊은 날의 초상들
74 어둠이 피어낸 꽃
76 제주 방문기
77 새벽 창가에서
78 시간에 맞선 시간

제4부 테니스 치는 남자

83 심장

84 구두닦이

86 상처

88 자전거 타는 남자

90 테니스 치는 남자

92 기계 인간

93 칼 든 여자

94 나는 지렁이

96 출퇴근

98 침몰

99 꿈을 꾸다

100 손에 든 작은 별 하나

102 여정

104 책 읽는 사람

106 모과나무

107 기다림

109 **발문** 상식과 열정으로 가득한 평담미의 시 _ 고재종

제1부

잊은 적 없다

찔레꽃

초여름 해 질 녘,
붉게 핀 찔레꽃
말 못 한 사연들로 피어났지만,
그것은 꽃이 아니라
아픔을 참아낸 것
가시에 둘러싸인 침묵,
말 대신 꽃으로 피어난 상처다
날카로운 가시로
스스로 몸을 찔러
핏빛으로 물드는 꽃
누군가는 그것을 봄이라 부르고,
누군가는 그것을 그리움이라 부른다
쓰러지지 않기 위해
가시 틈 사이에서 피어나는 꽃

노란 꽃

광주에서 목포까지
달리는 자동차 앞으로
줄지어 다가오는 노란 꽃

연초록 세상 사이로
출렁이는 얼굴들,

의문 속으로
파도 속으로
노란 리본들이 젖는다

세월이 멈춘 기억과 상처를 헤집으며
삼백 네 송이 노란 꽃들이
차가운 바다에서 하늘거린다

모과 향기

허공에 매달려
단단하게 익은 몸,
노란 향기를 품었다

시간을 머금은 향기
고이 따서 책상 위로 옮긴다

울퉁불퉁, 찐득찐득,
볼수록 볼품이 없어도
오랜 시간 제 몸을 썩혀
체취를 살려내는
진득한 모과의 한 생을 바라본다

그늘 아래 복숭아

그늘 아래
복숭아나무를 심었다
나뭇가지 사이로 스며드는 빛
비는 흘러내리고 땅은 말이 없었다

가지 치고
열매 솎고
거름 주는 때를 넘기고 말았다

여름 지나
봉지가 벗겨진 열매 하나
고운 살결에
작은 벌레가 구멍을 냈다

봉숭아는 자라지 않고 달지 않았다
그제서야 알았다
사랑을 뒤로 미룬 시간들이
맵고 쓴 맛을 남긴다는 걸

사랑을 유예한 손길들,

관심이 유실된 시간들
빛도 물도 부족했던
그늘 아래에서 자란 복숭아나무

주인 바뀐 신발

신발장에 벗어둔 신발,
자기 것인 줄 신고 갔을까
좋아 보여 신고 갔을까
신발은 떠났으나
나는 떠나지 못하고 더듬거린다

남의 것이 나의 것이 될 수 없기에
한동안 서성인다
신발은 사람의 얼굴이고 발자취다
신발도 만남을 통해
서로 알게 된다

이제는 나 아닌,
다른 사람의 풍경 속을 걷고 있을 나의 신발
우리가 함께 걸었던 길,
서로 감싸주던 시간들일랑
추억으로 남기자

주인 바뀐 신발
부디,

넘어지지 말고,
발병나지 않기를

상사화 연정

꽃이 피면 잎은 지고,
잎이 나면 꽃은 사라진다

서로를 향해 다가가지만,
닿을 수 없는 길 위에서
기다림은 시들어 가고,
그리움은 지쳐 흔들린다

한때 머물렀던 자리에
가녀린 꽃대만 남아
바람을 잡고 속삭이는 상사相思

너를 부르지만,
너는 들을 수 없고,
나는 피어나지만,
너는 볼 수 없다

이름 모를 바람 따라
자줏빛 그리움으로 다가오는 꽃

익은 밤

하루하루 몸을 키워
스스로를 찢고서야
드러난 속살

가시 속에서
참았던 열정은
오랜 침묵 끝에 껍질을 벗었다

시간이 달게 변한 맛
그것은
축적된 기다림,
묵은 그리움의 결정체이다

가시를 입고
돌같이 여문 열매는
한 계절의 사연들이 응고된
자연의 사리인 것이다

고추 인생

잡초 우거진 텃밭
관리기로 땅을 일군다
고랑 사이사이
흙이 숨을 쉬고 훈김이 오른다

쟁기발이 지나간 자리
퇴비와 물의 축복으로
촉촉해지는 땅

이랑 치고 두둑 쳐서
고추 모종 심는다

고추밭에서 익어 가는
고추 인생, 내 인생

고추장

따가운 햇살 아래
댕돌같이 익는 고추
성숙을 거듭하여
발갛게 빛나는 가을

분쇄기에 빻아도
장독에 가두어도
색을 잃지 않는다

숙성의 시간을 거쳐
촉촉하고 부드러워지니
알근달근한 시간의 향기

맵고도 황홀한 맛,
보리밥도 된장도 마른 멸치도 부른다

인생은 고추장
고추장 같은 사람으로
고추장같이 살고 싶다

외롭다는 것은

외로움으로
그리움으로
굴러 본 사람은 안다

나뭇잎은 땅의 체온이 그리워
땅으로 떨어져
숲속으로 파고든다

바람도 외로워서 구른다
골짜기를 지나
산을 넘어
황량한 들판에서 나뒹군다

돌멩이도 굴러
그 무게가 버거우면
땅속으로 묻히고,
물속으로 가라앉는다

휘영청 잠 못 드는 밤,
마음의 비탈길을 따라

구르고 구르다가
사람 곁으로,
품속으로 파고든다

응원과 격려

푸른 코트 위,
빠르고 정교했던 공이 선 밖으로 날아간다
그리던 궤도를 벗어난 순간
선수는 흔들리고 분위기는 어두워진다
침착하던 선수가 돌연
괴성을 지르고, 소용돌이친다
잠시 경기의 리듬이 깨지고,
라켓은 방향을 잃는다

관중들은 기다려준다
비난 대신 박수를 보내주는 사람들,
박수는 선수를 감싸고,
그를 다시 일으킨다

세상은 종종
넘어진 이를 향해 침묵한다
무관심 대신 따뜻한 손길은
쓰러진 이를 일으키고,
조용히 건네는 격려 한마디는
아름다운 꽃잎으로 피어난다

구름 같은 사랑

땅이 갈라지고,
흙먼지가 일더니
오늘은 쏟아지는 폭우에
잡동사니들이 떠내려간다
물이 넘치고 물에 잠긴다

하늘아 구름아!
예보 없는 사랑,
예측할 수 없는 사랑,
폭우 같은 사랑이라니

사랑은 퍼붓는 것이 아니라,
스며드는 것
부드럽게 다가서는 것
보일 듯 말 듯,
소리 없이 걸어오는 것이려니

잊은 적 없다

벌써 보고 싶구나
얼마나 지났다고
생각이 나나

잠시 떨어져 있어도
너를 잊은 적이 없다

나만 외로울까
너는 더 외롭지 않을까

헤어져 있어도
너를 잊은 적이 없다

오늘은 비가 내린다
네 발자국 소리가 들린다

검정 나비

운명일까
같은 몸에서
끝내 만날 수 없으니

긴 꽃대 끝으로
피어오르는 구월의 기다림

그리움에 타버린 마음,
검정 나비 되어
꽃대에 내려앉는다

뒤틀리고 찢어진 채
홀로 피는 꽃
불갑사 입구에서
푸른 잎을 기다린다

녹슨 시간

34만km를 달린 자동차
조용했던 엔진이 덜컹거린다
편안함 속에 즐거웠던 시간들,
씽씽 달려온 길
때론 앞차를 들이박기도 했던
풍상에 시달린 몸
반짝반짝 빛나던 시절은 지나고
빛바랜 모습,
씻어주고 닦아주던
열정과 사랑은 식어
이제 손길 대신 빗물에 맡긴다
주차 턱에 찍히고
기둥에 부딪힌 상처 자국들,
함께 걸어온 길 위에 남겨진 파문들,
지친 몸은 서로를 밀어내며
숨결은 가파르고
걸음은 느릿하다
가볍게 오르던 언덕길도 이제는 머뭇거리며,
밀려오는 시간에 떠밀리는 목소리,
힘찬 심장도 헐떡이며

깊어진 주름에 속도마저 잃은 채

수척해진 얼굴로

긴 터널을 지나

4차선 길 위를 힘겹게 달린다

아내

세상은 직선으로 흐르지만,
비스듬히 쉬어 갈 수 있는
남들이 지나치는 틈을 바라보며
내가 머문 자리를 놓치지 않는다

보이지 않으면
하늘이 무거워지고,
옆에 있어야 숨을 고른다

함께 있어도 허전하지만,
그 허전함으로
얼굴을 마주한다
고요한 눈빛과 온기로
말 없는 말을 주고 받는다

조건 없이 빛을 건네고
제 그늘로 내 그늘을 감싸며,
행복을 향해 뒤따르는 발걸음,

삶이 다해도

내 이름을 불러줄 단 한 사람
오늘도 내 곁에 있다

제2부

도시 낚시

태풍

무더운 때엔 오지 않고,
시원할 때 찾아온다
폭우와 바람을 동반하니
나무가 꺾이고,
집이 무너진다
둑이 터지고 물이 넘친다

열매 맺어
내 몸 지탱하기도 힘드는데,
이름과 달리
거칠고 가혹하다

태풍이 할퀴고 간 자국,
무너진 흙더미에서
힘겹게 일어선다

매년,
얼마나 단련되어야
풍성한 가을을 약속 받는가

모기에게 묻는다

모기야! 모기야!
피 빨아먹고 살아가는
어둠을 좋아하는 모기야!
쫓으면 사라지고,
잡으려면 도망치는 모기야
보였다가 사라지고,
사라졌다 나타나는 모기야!

너의 영리함과 민첩함,
너의 적응력과 번식력,
약을 뿌리고 향을 피워도
너를 이길 수 없다
두 손 들어 항복이다

땀을 많이 흘리고,
대사량이 좋은 나,
쏘여서 아프고,
간지러움에 몸부림치고,
윙윙대는 소리에 오싹해진다

남들은 일을 하며 살아가는데,
어찌 너는 피를 빨아먹고 사느냐
질병을 옮기고,
사람을 죽이며,
잠자리의 안락함,
삶의 질을 방해하는 모기야!

세상에 많기도 많은
모기 같은 사람들아!

도시 낚시

갈치처럼 먹어 치우는 경쟁사들
밴댕이같이 성질 급한 사장님
동자개같이 빠각빠각 소리치는 상사

도시 한복판에 낚시를 던진다

미적미적 입질만 하는 사람들
만사 제쳐두고 덤벼드는 사람들
뭔지도 몰라 무관심한 사람들
바쁜 탓에 입질 한번 하지 않는 사람들

사람들 모인 곳에 떡밥을 뿌린다

사람들은 회사에 잡히고,
회사는 회사원에 잡히며,
회사원은 돈에 낚이고
돈은 시간에 낚인다

바닷가에서

흰머리로 돌아왔다

모래사장에 솟아난 빌딩 숲

너는 오지 않고,

쓸려갔던 자갈들만

자갈자갈 모여든다

커피 한잔

늘 조용한 자세로
빛과 그늘 사이에서
한 줄기 바람에도
날아갈 듯한 존재
언제였을까
너를 안 순간부터
늦은 밤에도 잠들지 못한다
너는 부드럽다
하지만 결코 가볍지 않다
뜨거움과 차가움 사이
달콤함과 쓴맛 사이
그 모순에 빠져 너를 다시 찾는다
손끝으로 더듬고
지그시 머무는 눈길,
입술은 너를 머금고,
혀끝은 너의 시간을 훑는다
진한 숨결로 퍼지는
너의 내면은
어디쯤에서 야릇한 표정으로
소리 없이 내 안으로 스며든다

너의 향기와 숨결이 내 몸속으로 퍼져
영혼 깊은 곳까지
한 방울씩 천천히 녹아든다

민들레

허허벌판 거친 땅 위에
홀로 있어도 괜찮아요
햇살만 비추어준다면,
발길 닿지 않아도 괜찮아요
척박한 땅에서
노랗게 피어납니다
키 작다고,
몸 약하다고,
토양이 다르다고,
꿈마저 꺾이지 않습니다
간절한 소망,
하얀 홀씨 되어
멀리멀리 날아갑니다

참꽃 사랑

참꽃 피는 봄날,
시골소년은 한 마을에 사는
참꽃 같은 소녀를 찾아다녔다
쉽게 볼 수 없고,
쉽게 만날 수 없는 여자아이,
저만치 혼자
단아하고 무심한 표정으로
아삼아삼 보일 듯 말 듯,
금세 자리를 뜨는 소녀
봄바람에 그 이름을 부르면
사라져버릴 것 같은
저만큼의 거리에서
끝내 피워 보지도 못한
한순간의 봄빛 같은 사랑

봄날

꽃 하나 피어나도
봄이 다가오고
꽃 하나 떨어져도
봄은 멀어집니다
꽃 피고 지는 소리 들리나요
봄 오고 가는 소리 들리나요
기다리는 사람 오지 않아
벚꽃 나무 아래에서
나 홀로
봄을 맞이하고,
봄을 보냅니다

입춘

아지랑이 피는 봄날,
남자아이와 여자아이는
나물 캐러 떠났다

오순도순 나물을 캐면서
두근두근 마음을 캐면서
바구니엔 봄날로 가득했다

봄이 오고
봄이 떠나고
또다시 봄이 오자
할머니와 할아버지로 돌아왔다

그리웠던 고향 들녘으로
나물 캐러 떠났다
아지랑이 가물대는 봄날,
멀리 떠났던 봄이
다시 돌아오고 있었다

봄맛

초장으로 무장한 두릅나물의
쌉싸름하고 새콤달콤한 맛

된장 품에 안긴 머위나물의
씁쓸하면서 달짝지근한 맛

양념에 무친 냉이 달래의
알싸하고 향긋한 맛

멸치 다시마 육수에
두부와 바지락을 넣고
보글보글 끓인 쑥 된장국의
쌉싸름하고 깊고 개운한 맛

나물 맛으로 오는 봄은
향기롭고 싱그러운 맛,
자연의 부엌에서
겨울의 요리사가 만들어 내는 맛

파릇파릇한 초록빛 맛,

한 해 동안 기다린 맛,
또 한 해를 기다리게 하는 맛

봄

보고 싶고 그리운 봄,
작년에 만났던 봄,
봄을 찾아 집을 나선다
이곳저곳을 헤매다가
양지바른 언덕에서
봄을 만났다
냉이인지 잡초인지,
땅속에서 솟아난 봄
땅바닥에 납작 엎드린 채,
살짝 얼굴을 내밀고 있다
봄은
예고도 없이,
소식도 없이,
차가운 땅속에서
식탁 위에서
말없이 다가오고 있었다

건조한 시대

베란다의 빨래 통에는 빨랫감이 쌓인다
얼룩이 져도
땀이 배여도
입었던 옷을 벗어 던진다
세탁기 속의 옷들은 회오리처럼 돌아가고,
비 내리는 날에도
눈 내리는 날에도
건조기는 단숨에 옷을 말린다
구겨진 옷은 스타일러의 손길로
단정하게 차려입어
편리하고 깔끔하지만,
불현듯 어머니의 손길이 생각난다
빨랫감을 머리에 이고
동네 어귀의 도랑으로 가시던 어머니
추운 날에도 맨손으로 빨래를 하셨고,
옷을 헹구시던 어머니
빨랫줄은 어머니의 굽은 허리 모양
힘들어 보였지만,
어머니의 젖은 손,
촉촉한 사랑이
따뜻한 햇살 아래 뽀송뽀송 전해졌었다

등굣길

초등학교 시절,
학교 가는 길
십 리를 걸었던 그 길
여우가 산다는 도로 가 숲에 숨어
여학생들에게 모래를 뿌렸던 언덕배기 고갯길
주저주저 건너던 돌다리길
자동차 연기와 흙먼지 속에
트럭에 매달렸던 언덕길
살갗이 에이는 추위에
발목까지 빠졌던 눈길
땀으로 흠뻑 젖은 몸
도로 가 냇물에 풍덩 수영하다
자갈길에 퍼질러 앉아
왜 우리 집은 이렇게 멀까
학교 근처로 이사하면 좋으련만,
끝내 이루어지지 않은
기대로만 끝나버린
초등학교 등굣길

장미의 시간

꽃망울에 담긴 설렘 몰래 감추고
망설이고 망설이다
꽃길에서 만난 장미
장미 덩굴 울 넘던 계절에
화려한 자태에 홀리고
황홀한 향기에 취해
가시에 찔리는 아픔도 모르고
장미 덤불에 빠진 사랑
장미 가시에 찔린 상처
그 상처 아물어 갈 때쯤,
한 잎 한 잎,
꽃잎은 떨어지고
이제는 희미한 기억만 남아
설레던 순간들,
황홀했던 시절들,
장미의 시간을 생각한다

숲길을 걸으며

캠퍼스의 숲길을 걷는다
바람에 흔들리던 나뭇잎이
여기저기 흩날린다

설렘으로 가득했던 꽃망울의 시절들,
푸름으로 숨 쉬던 초록의 날들,
갈증의 시간에도 불꽃으로 타올라
오색 물빛으로 춤추던 시간이 지나고
비바람에 떨어지는 계절의 잔해들
숲길을 스치는 노년의 산책길

숲속을 거닐며
시간의 파도에 떠 있는
나는 누구이며,
어디로 흘러가는가?
나뒹구는 낙엽에게
나의 행로를 묻는다

애주가의 변

허기진 마음의 끝자락,
목마른 영혼의 틈 사이로
욕구가 터질 때
은밀히 속삭인다
"함께 있어 달라"고
처음엔
가벼운 입맞춤으로 시작해서
얼굴이 붉게 변하고,
심장은 북소리 치며
온몸이 달아오른다
고요한 밤보다 취한 밤이 즐겁고,
모자람보다 넘침으로
서로를 뜨겁게 한다
가까이할수록 깊어지고,
좋아할수록 강해지는 유혹,
현실은 희미해지며,
정신은 황홀경에 빠진다
그러나, 그 황홀함은 잠시
달콤함 뒤에 찾아오는 두통과 갈증,
허전함과 쓸쓸함에 눈꺼풀은 처지고,

다리는 휘청대며
정신은 몽롱해져 허공 위를 걷는다

제3부

시간의 그림자

초등 친구

얼굴도 이름도 가물가물
알 것 같은데 알지 못하고,
모르면서 아는 척,
친하지 않으면서 친한 척,
쉽게 친해지는 사람들

익숙하지 않으면서 익숙해지고,
불편하면서 편하게 만난다
다른 지역에 사는
같은 지역 사람들

실수를 해도,
화를 내도
웃음으로 풀린다

겨울 아닌 봄날 같은 사람들,
나이가 들어도 세상이 변해도
언제나 초등학생인 사람들

해운대 동백섬

바닷물 넘실대는 해운대
해와 달을 품은 해운대
해운대 숲속의 동백섬에
학생들이 모였다
동백꽃의 전설이
전해지는 동백섬엔
최치원 선생도 있었고,
해양수산 연구자도 모였고,
세계 정상들이 모이기도 했었다
꿈과 열정, 사랑과 낭만이 모여
봄이면 동백꽃이 피었고,
연구의 꽃도 피었다
예순 되어 찾아오니
반겨주는 사람 없고,
바닷물만 출렁인다
등댓불같이 생각나는 사람들,
그리운 얼굴들이 파도에 밀려온다

나의 아버지

감나무엔 홍시 하나,
시끌벅적하던 시골집에
홀로 남은 아버지
불 지핀 지 오래된 온돌방은
차갑기만 하다

밥 다오, 물 다오
양말 어디 있냐?
부리시던 어머니는
아버지 두고 떠나셨는데,

발걸음은 느릿느릿
바지는 헐렁헐렁,
구부렁해진 허리에
힘을 잃은 아버지

봄 햇살 같고,
온돌방 같았던 세월 지나
텃밭에 고추 상추 심어놓고
우두망찰 자식들을 기다리신다

시골 여행

소한의 아침,
광주에서 출발 지리산 휴게소를 지나
고향 거창으로 가는길,
풍광이 해외의 유명 관광지 못지않다
아내는 부엌일을 하고,
나는 마당을 쓸고,
아버지의 방에 쌓인 먼지를 털어낸다
마당에 이불을 널고
목욕탕 가는 길,
아버지의 손끝에서 세월의 흔적을 느낀다
목욕탕 갈 때마다
한사코 거절했던 아버지
이제는 자식의 부축을 받으며 따라 나선다
등을 밀어드리고,
등을 밀어주는 아버지
힘이 약해졌으나,
아픈 곳 없으니 다행이다
구순에 들어 어린아이로 변해 가는 아버지
아버지를 통해 나를 바라본다
식당에서 허기진 배를 채우며

시골 순대에 막걸리를 마신다
식사량도 여전하니 다행이지만,
이 모든 순간이 안타깝게 여겨진다
당신의 하루가 평온하길 기도하며
집으로 돌아오는 길,
산사처럼 변한 집에
혼자 계실 아버지를 생각하면,
몸도 마음도 먹먹해지는
1박 2일의 시골 여행

어머니

땅을 일구고 수레를 끌며
묵묵히 농사일을 하면서도
풀과 물만 먹던
덩치 큰 누렁이
새끼 낳고 퇴비를 쌓아
집안을 일구었던 누렁이,
뼈와 살, 가죽까지 주고 떠난
우리 집 생구 누렁이

종손집의 맏며느리로
다섯 자식에 시할머니 시부모,
시동생 시누이를 돌보시던 어머니,
병원도 약도 모른 채,
건강하게 살다가
일흔다섯에 홀연히 떠난
나의 어머니

홍시

등불처럼 꿈처럼
감나무에 달린 홍시들,
아버지 혼자 홍시를 딴다

긴 장대로 마디마디
추억을 수확한다
매미처럼 감나무에서 놀았고,
감꽃목걸이를 만들었다

홍시를 따주던 할아버지
홍시를 챙겨주던 할머니
홍시를 받아먹던 우리들

홍시를 먹는 일은
달콤한 시간에 빠져
맛있는 추억을 먹는 일이다

손안에 받쳐든 홍시
터질 듯 말랑말랑하다

향수*

하늘아 들아!
변함없이 잘 있느냐?
혈육도 만나고
옛길도 걷고 싶다

과수원엔 사과 익고,
마당에는 감 여물고,
새들은 노래하고,
풀과 나무는 춤추겠지

올챙이 개구리야!
잘난 척 말고 인사해야지
호미와 괭이를 다오
논밭에서 일을 하리
허리 아프도록

온몸에 땀을 흘리며
흙냄새를 맡으며
고향의 추억을 먹고 싶다

내 고향,

거창 삼산이수 들녘엔

지금 벼가 한창 익어 가고 있겠지

* 이상화 시 「빼앗긴 들에도 봄은 오는가」를 차용.

김치 담그는 날

이랑 치고 고랑 쳐서
불룩하게 만든 두둑
배추 모종 심었더니
새순들이 솟아난다

통통하고 단단하게
초록으로 익어 가는 계절의 향연

조각조각 칼질해서
소금물에 절이면
부드러워지는 배춧잎

부모 형제 둘러앉아
사랑의 양념을
한바탕 치대고 나면

아삭아삭 개운한 맛,
단맛, 매운맛,
어머니의 손맛, 아내의 손맛이
입안에 가득 찬다

열차 안에서 만난 사람

하루 일을 마치고 기차에 올랐다
얼마가 지났을까
어느 역에서 올라탄
옆자리에 앉은 남자
멋있게 보이려나,
자기 한 몸 편하려나
예전에 높은 분이셨나
두 다리를 쭉 뻗어 의자에 걸친다
두 발을 비비면서
발가락을 꼼지락댄다
옆에는 등산 가방이 놓여 있고,
벗은 신발,
벗은 양말에선
퀴퀴하고 쿰쿰한 냄새를 풍긴다
열차에서 내려 귀가하는 동안
나의 혀는 근질근질 소용돌이쳤다
참아야지! 참아야지!
참고 참다 끝내 하지 못한 말,
하기야 열차에서 신발을 신은 채로
두 발을 의자 위에 올린 사람도 있었으니

인간 난로

서로 알면서도 여전히 알 수 없는
가까이에서도 멀리 있는 듯
멀리에 있어도 곁에 있는 듯
귓가에 스치는 숨결,
새록새록 들리는 속삭임,
먼지도 매연도 내뿜지 않는
인간 난로

나는 맹물 같으나
당신은 찻물이요
나는 무 같으나
당신은 된장국 같은 사람
나는 헐렁한 청바지 같지만
당신은 고운 비단 옷
나는 전기장판 같지만,
당신은 온돌방 같은 사람

옷깃에 한기가 느껴지면
이불 속으로 파고드는
내 삶을 데워주는 인간 난로

시간의 그림자

노을 지는 하늘에 떠 있는
희미한 그림자는 구름인가, 산인가
빛과 어둠 사이에서 나는 누구인가

무관심은 안개처럼 스며들고,
질투는 서리처럼 내린다
믿음은 어디론가 사라지고,
사랑, 우정은 어디에서 만날 수 있나

만남은 점점 짧아지고,
그 경계는 좁아져
한적한 길 위에 홀로 서 있는 나

이마에는 시간의 골이 깊게 패이고
머리엔 서리꽃이 하얗게 피어난다
들판에서 흔들리는 갈대처럼
저무는 저녁놀에 기대어
흐르는 시간에 몸을 맡긴다

젊은 날의 초상들

대학 캠퍼스에서 "충성!"
멋진 경례, 우렁찬 구호가 하늘을 찔렀다
각진 어깨로 나란히 행진하는 단원들,
힘찬 구둣발과 제복의 행렬을
나는 지켜만 보았다
나라를 지키는 일은 그들만의 몫인 줄 알았다

쌓인 낙엽에 가을이 무너질 무렵,
희뿌연 연기가 교정을 드리우자
숨죽였던 거리는 함성으로 가득해졌다
나는 거리의 행렬 속으로 뛰어들었다

나팔바지와 헝클어진 머리,
꿈은 잠시 최루탄 가스 속으로 사라지고,
실험실의 열정,
책 속의 지식들,
차벽에 부딪히는 함성들,
잉크보다 진한 구호가 허공을 찔렀고,
맨손으로 던진 언어는 강렬했다

그때서야 알았다
이 또한 또 다른 모양의
나라를 지키는 구호와 경례임을

어둠이 피어낸 꽃

스물두 살,
육군 일병일 때
저녁 식탁을 떠나 불빛을 뒤로하고
별들이 숨을 곳도 없는 으슥한 곳,
검은 그림자 하나가 다가왔다

이 뺨 저 뺨을 때리고,
보릿단 볏단 패듯이 찍고 차고,
상처나 멍이 생기지 않게
날카롭게 때리던 선임

푸른 동지애는 먼지처럼 사라졌고,
가늘게 남았던 인간성마저
마른 잎사귀처럼 떨어진 밤
나는 어둠 속으로 빠져들었다

그때 일은 아무도 알지 못한 채
침묵만이 흐른 40여 년
칼날 같은 주먹,
쇠뭉치 같은 구둣발길이

가끔 꿈속에서 나타나곤 한다

그 오랜 침묵은 씨가 되어
땅속 깊이 뿌리를 내렸고,
어둠을 뚫고
튼튼한 나무로 살아간다

제주 방문기

한라산 중턱에 폐허가 된 건물들,
배고픈 짐승의 모습으로
탐욕의 잔해물로 다가온다
숲속에 남아 있는 토굴과 진지들,
화산 돌을 적시던 핏자국들,
화산 분출의 잿더미 속에서도
이 땅의 원주민들은 살아남았다
비틀린 칡넝쿨을 헤치고
팥배나무는 꿋꿋하게 자라고,
고통과 절규는 바람에 실려
곶자왈 어딘가에 스며들었고,
백록담은 그 깊은 한을 품었다
이 깨끗하고 아름다운 섬도
한순간 고통으로 물들었던 적이 있었다
제주의 아침 해는 환하게 솟아오르고,
삼나무들은 깊이 뿌리를 내렸다
봄이면 붉게 피는 동백꽃처럼
강인하고 꿋꿋하게 자라는 녹나무처럼
제주는 오늘도 활기찬 모습으로
살아 숨 쉬고 있다

새벽 창가에서

새벽 창가에 맺히는
빗방울이 눈물 같아서
타향 아닌 타향에서
시를 씁니다

태어난 곳이 뭐가 중요한지
출신지는 왜 따지는지
고향을 묻지 말고
어떻게 살고 있는지
물어보시면 안 될까요

친구 친척 하나 없는
이곳 최남서 땅,
살기가 어렵다지만,
내미는 손길이 있고,
마음 주는 이들이 있으니,
그래도 살아갈 만하답니다

시간에 맞선 시간

종이 울렸다
시간은 단호하게 문을 닫았고,
모두가 펜을 내려놓았다
나는 지문 속 문장을 잡고
미처 채우지 못한 여백을 채우기 위해
시간과 맞섰다
감독관의 눈이 번득였고,
천둥벼락 같은 손바닥이 뺨을 후려쳤다
손뺨보다 아픈 건
무릎 꿇은 교무실의 차가운 바닥,
선생님들의 냉냉한 시선들,
깨져버린 스승상의 파편들이었다
세월은 흘렀고,
이제 내가 시간의 문지기가 되었다
시험 감독관이라는 이름 아래
차가운 시계가 되어
눈과 손을 감시한다
가끔 종소리가 울려도
끝맺지 못하는 마음들,
따르지 않는 손을 목격한다

그럴 땐 잠시 기다려준다
규칙과 질서,
시간의 엄격함은 가르치되,
배움의 불씨,
한 줄의 열정은 꺾지 않는다

제4부

테니스 치는 남자

심장

평소,
네가 있는지 없는지
무엇을 하는지
관심이 없었다
깊은 밤,
고요한 새벽의 미명에
가슴에 손을 얹는다
멈추지 않는 박동
너의 헌신과 사랑이 느껴진다
너의 펌프질 사랑이
내 몸 구석구석을 도는 동안
뜨거운 에너지로 살아가는 나
네가 아프면 나는 쓰러지고,
네가 멈추면 나도 멈추니
내가 너이고,
네가 나임을 문득 깨닫는다

구두닦이

마트 앞 귀퉁이 좁은 구둣방
좁은 케이지 안에서
톡톡 딱딱
고행을 이어 가는 스님처럼
구두를 두드리는 아저씨
신발 끈도 수선하고,
신발 밑창도 고쳐
반질반질 광택을 내는
정성과 손놀림이 놀랍다
수선이 끝나면,
나는 인사도 않고 서둘러 자리를 떠난다
세상일에 쫓기듯,
내 몸이 쓰러질 때
깨닫는다
나 역시 좁은 사무실에 갇혀
회사가 원하는 구두를 닦고 있음을
다시 구둣방을 찾을 때엔
인사를 건넨다
새로워진 신발만큼
발걸음도 가벼워진다

신발 끈을 동여매고
회사로 출근하는 나,
회사가 번쩍번쩍 광이 나도록
오늘도
나는 좁은 케이지 안에서
회사의 구두를 열심히 닦는다

상처

두툼하고 짜리몽땅한 나의 손,
손등에 난 상처 자국이 눈에 걸린다
맞은편 사람이 책상을 밀쳐
손등에서 피가 났지만,
상처를 준 사람은 무관심했고
주변 사람들이 걱정을 해주었다

이미 다친 상처,
따져 봐야 서로 기분만 상할 것 같아
무관심에는 무관심으로 대했다

손등의 상처는 아물었으나,
아물지 않는 마음의 상처
손등의 작은 상처에도
이렇게 마음이 아픈데,
나도 누구에게 상처를 주지 않는지

또 다른 상처 자국이
여기저기에 남아 있다
군 복부 중에 다친 상처

자식을 키우다 다친 상처
좋아한다고 말 한마디 못 한
첫사랑의 상처

자전거 타는 남자

자전거 페달을 밟으면,
학창 시절로 되돌아간다

스륵스륵, 털컹털컹
고샅길, 후밋길을 지나
시골길, 신작로를 달린다
평탄한 길, 질척한 길,
오르막길 내리막길을 달린다

바람 소리 새소리
나를 부르는 소리
친구들의 웃음소리

이제는 건물 사이로
자동차 사이로,
먼지 속으로,
소음 속으로,
조심조심 나아간다

어제도 오늘도

나는 자전거의 페달을 밟는다
자드락길, 자욱길,
지름길, 에움길을 지나
길 위에서 길을 물으며
내일이란 길을 떠난다

테니스 치는 남자

이리저리 튀는 공,
여기저기로 뛰는 남자
공을 넘기지 못해
네트에 처박고,
선을 벗어나는 테니스 볼

예측할 수 없는 경기,
부딪치고 넘어지면서도
시도하고 또 시도한다

불가능할 것 같은 볼,
꺼져 가는 공을 살렸을 때의
짜릿한 기분,

이겨서 기쁘고,
져서 침울하지만,
승패는 뒤바뀌어
포기하지 않는다

하루 일을 마치고

코트로 향하는 남자,

이리저리 뛰면서 땀을 흘린다

기계 인간

첩첩 건물 사이 사이
콘크리트 칸막이에서
다람쥐 쳇바퀴 모양
살아가는 사람들
틈만 나면 번쩍이는 화면 앞에서
본능과 욕망을 두드린다
키오스크의 차가운 눈빛,
말 대신 번쩍이는 화면
환한 미소,
웃음마저 잃어가는 사람들
정해진 시간,
정해진 길을 따라
작동하는 기계 인간
번뜩이는 눈빛,
사람들끼리 부딪치고,
깨지는 목소리,
한 치의 양보도
조금의 배려도 없이
바쁘게 돌아가는 기계 인간

칼 든 여자

매일매일 칼질하는 여자,
목을 치고 꼬리를 자르고,
토막토막 자른다
허기를 자르고 시간을 자른다

굵게 잘게 쫑쫑 썰기도 하고,
단칼에 내려치기도 한다
칼끝으로 다듬고,
칼자루로 찍어 누른다

탁탁 톡톡 쓱쓱
화려하고 찬란한 칼놀림,
능수능란한 손놀림,
칼춤을 춘다

피가 튀어도 비린내가 튀어도
오롯이 맛을 살린다
살아 있는 것도 죽이고,
죽은 기운도 살리는 여자
칼춤을 춘다

나는 지렁이

나는 지렁이
비 내리면
세상 밖으로 나온다

끼리끼리 모이는
패거리들이 무섭다
거친 사람들이 무섭다

밟히면 꿈틀거리고,
상처투성이 된 몸,
잘린 몸으로 살아간다

콘크리트 아닌
흙에선 몸을 펼치고,
비닐과 플라스틱에서는
움츠린다

날카로운 무기도 없고,
치명적인 독도 없으니
남을 해치지 않는다

양지가 아닌 음지에서,
마른 땅이 아닌
축축한 땅에서
꿈틀꿈틀 살아간다

출퇴근

출근길은 전쟁이다
달려드는 트럭과 버스
끼어드는 자동차들 사이로,
몸을 피해
신호에 따라 차선을 따라서
전진한다

출퇴근은 여행이다
벼 이삭들이 인사하고,
가로수들이 손짓하며,
강물이 춤을 추며
푸른 물빛으로 반겨준다

출근길은 약속이다
정해진 시간과 장소에서
몸과 마음이 만난다
파릇파릇한 아이들
반짝이는 눈망울들

출퇴근은 시계추다

정해진 시간에 따라
정해진 경로에 따라
벽시계의 삶처럼
왕복을 반복한다

침몰

물결이 밀려오고 쓸려 간다

변하는 것과 변하지 않는 것들 사이로
시간이 흘러간다

보고 싶은 것만 보며,
듣고 싶은 것만 귀 기울이며,
살아가는 사람들
보이는 대로 들리는 대로
밀려왔다 쓸려 간다

물이 차오른다
숨을 쉴 수 없다
절박하게 멈추기를 외쳐도
멈추지 않는다

침몰한다
너도 나도
모두 침몰한다

꿈을 꾸다

먼 나라의 전쟁 소식에 이어
비상계엄령으로 참담한 시기에
한강 작가의 노벨상 수상 소식을 접한 날,
나는 물고기가 되어 검붉은 수로 속으로 빠져들었다
귓가를 때리는 총소리
깨지는 유리 파편,
쌓인 주검들 사이에서
흘러나오는 피와 진물,
공포와 두려움 사이로
새어 나오는 비명들,
비릿한 시취에 숨이 멎을 것 같았다
제단 위에 놓인 촛불의 떨림과
매캐한 냄새와 비린내,
가슴 저미는 애절한 노래,
나는 몸을 피해 숲 속의 드론에 몸을 숨겼다
탈출의 기회를 엿보면서
구원의 희망을 품고
날아오르는 날갯소리에
꿈의 끝자락을 보았다

손에 든 작은 별 하나

손에 든 작은 별 하나
수시로 번쩍거린다
번쩍이는 신호를 움켜쥔 채
웃고 울고 마음 설레는 사람들

어둠을 밝히는 불빛 아래
쌓인 의문을 풀고,
목마른 갈증을 해소한다
한 줄기 빛도 허투루 놓칠세라
눈을 떼지 않는다

손끝이 춤추는 파장의 숨결,
시간을 묶어 기억을 새긴다
진동하는 리듬에 따라
울려 퍼지는 선율에 따라서
몸도 마음도 흔들린다

놓쳐서는 안 될 속삭임이 스칠까
조급한 마음의 뚜껑을
열었다 닫기를 반복하는 사람들

윤이 나도록 매만지고,
부족한 에너지를 채우며,
항상 곁에 있어야 안심한다

말 없는 침묵 속에서도
신호를 주고받는 작은 별,
광막한 우주를 가로지르는 프리즘,
손에 쥔 반짝이는 작은 별 하나

여정

너는 어디에 있는가?
소리 없는 구름처럼
스쳐 가는 바람처럼
과연 너는 존재하는가?

희미한 달빛 아래 숨어
손에 닿을 듯 말 듯
어둠의 실타래를 따라
너를 찾아 나선다

언제나 캄캄한 미로 속에서
보이지 않는 존재로
때론 고통의 원인이 되고,
때론 기쁨의 파문이 되어
끝없이 펼쳐지는 꿈의 여백

꿈과 희망의 씨앗,
그 씨앗은 어둠 속에서 잉태되기에
길고 긴 어둠 속에서
실체가 없는 듯, 있는 듯

끊임없이 발전하고 변해 가는 너

모래사막에서 흙탕물에서
허우적대고 넘어져도
포기하지 않는다
가시덤불에 갇히고 찢기고,
벽에 부딪혀도 다시 일어선다
너를 향하여

책 읽는 사람

30도가 넘는 무더운 날,
책장의 그늘 아래 잠시 몸을 피한다
봄의 숨결이 창을 흔들 때에도
귀뚜라미가 창문을 두드릴 때에도
나는 조용히 문장 속을 걷는다
겨울밤, 온 세상이 얼어붙는 때
활자의 불꽃으로 마음을 데운다
몸이 허기질 때 밥을 찾듯,
영혼이 메마를 때 책을 찾는다
책이 없으면,
마음의 허기를 달랠 길이 없다
지면 위를 걷는 사람,
책 속에서 숨 쉬는 영혼,
책장을 넘길 때마다
나는 새로운 세계를 만나고,
또 다른 존재를 만난다
쓸쓸한 오후,
의자에 앉아 책 읽는 노인의 눈빛,
그 안경 너머엔 지혜가 번쩍인다
책을 읽는다는 건

시공을 가로지르는 신성한 순례,
순간순간 양식을 쌓아
스스로 밥을 지어
눈으로 씹고,
가슴으로 삼키는
조용하고 엄숙한 만찬의 시간이다

모과나무

포클레인의 팔 아래
한 세기가 무너졌다
구부정하고 주름진 나무,
해마다 노란 모습으로 가슴을 적시던
묵직한 모과 향기
오십 년 세월을 품었던 나무,
건강을 건네고,
사랑을 주던 그 푸름과 싱싱함
은은한 향기는 말없이 흐르는데,
이제는 추억만 아련해
울퉁불퉁 생겼어도,
바람에 떨어져도
깨지지 않고 단단하던
썩어 가면서도 향기를 잃지 않던
그 고요한 시간을 나는 몰랐다
이제 텅 빈 자리에 바람만 휑한데
사라진 너에게 전하고 싶다
"버린 것"이 아니라
"떠나보낸 것"이라고

기다림

삶의 머나먼 길,
구름 속 햇살처럼
기쁨과 즐거움은 잠깐
끝없이 이어지는 여정에
하루의 언덕길을
걸어가는 당신
나 또한 뚜벅 뚜벅 걸어갑니다

기다림은
설렘으로 출렁이는 강물 같아서
때론, 그리움으로 굽이쳐 흐르고
그 물결 너머 당신이 있다는 사실만으로
나는 꿈꾸게 됩니다

기다림은
아직 피지 않은 아름다운 꽃으로
바람 불어도 꺾이지 않는
조용히 다가오는 보이지 않는 약속

만나야 할 사람이 있다는 것

또한 행복한 일이기에
그 벅찬 그리움으로
나는 당신을 기다립니다

| 발문 |

상식과 열정으로 가득한 평담미의 시

고재종 시인

 김도희 시인은 선한 사람이다. 선한 사람은 일반적으로 좋은 사람이라고도 불린다. 그는 어느 시간, 장소, 상황에서도 늘 만면에 웃음을 띤 채 온화하고 겸손한 태도로 사람을 대한다. 때로는 어린아이 같은 천진무구함을 드러내어 그가 가진 교수라는 사회적 포지션을 훌쩍 뛰어넘어버린다.

 공자는 "인仁은 곧 선善이다"라고 했는데, 그는 그 어짊으로 남을 너그럽게 받아들여서 항상 사람의 마음을 얻는다. 2년 남짓 그와 함께 시 공부를 해온 나로서는 지금껏 함께 자리한 동인들이 그를 불편해하거나 어려워하는 경우를 한 번도 본 적이 없다. 언제나 밝은 에너지, 스스럼없는 대인관계로 흔히 교수가 가질 수 있는 무슨 권위의식이나 자기 학문에 대한 비통섭적 주장 같은 건 일찌감치 날려버린다.

보아하니 그런 선한 사람이 될 수 있었던 것은, 그가 도덕적 가치로서의 선을 생각했거나 임마누엘 칸트가 말한 특별한 선의지善意志 곧 최상의 선이라고 할 수 있는 덕德을 지향해서가 아니라, 사람이라면 지켜야 할 가장 기본적인 도리인 상식을 지켰기에 가능한 것으로 보인다.

상식을 지키는 사람! 사실 자본문명이 극대화한 오늘날, 그래도 인간이 인간이길 바라는 최소한의 상식선의 사람이 꽤 많이 있을 것이다. 하지만 인터넷 등 각종 매체를 들여다보노라면 그런 인간에 대한 신뢰와 희망이 가뭇없이 사라지게 하는 말의 괴물들이 넘치고 넘쳐난다.

날조된 사실과 왜곡된 신념, 편견과 억측, 황당한 궤변과 견강부회, 입에 담을 수 없는 욕설과 우김질 등 가짜 뉴스와 개소리(bullshit)가 판을 치는 그 세계는 지옥이다. 특히 거짓말을 식은 죽 먹듯 하면서도 자기들만이 정의라고 우기는 정치인들과 그 팬덤이 조장하는 '소란-능변'은 상식을 뛰어넘고도 한참을 뛰어넘어 나라가 아니라 가히 인간 존재 자체가 뒤흔들리는 지경을 연출한다.

1

그런 속에서 상식을 지키는 김도희 시인! 그러기에 어쩌면 그의 시들도 상식에 부합하는 시들이 많은 것 같다. 시는 기본적으로 세상과 인간 삶의 구각舊殼을 깨고 그 속의 게맛살 같은 새로운 진실을 맛보려고 하는 탐험이다. 하지만 김도희 시인은 그런 진실도 상식에 대한 자연스런 인식이 없으면 아무것도 아니라는 듯 평이성平易性으로 무장한 시에 매진한다.

> 초여름 해 질 녘,
> 붉게 핀 찔레꽃
> 말 못 한 사연들로 피어났지만,
> 그것은 꽃이 아니라
> 아픔을 참아낸 것
> 가시에 둘러싸인 침묵,
> 말 대신 꽃으로 피어난 상처다
> 날카로운 가시로
> 스스로 몸을 찔러
> 핏빛으로 물드는 꽃
> 누군가는 그것을 봄이라 부르고,
> 누군가는 그것을 그리움이라 부른다
> 쓰러지지 않기 위해
> 가시 틈 사이에서 피어나는 꽃
>
> — 「찔레꽃」 부분

시집 맨 처음에 나오는 자연 소재의 시다. 이 시는 찔레꽃을 "말 대신 꽃으로 피어난 상처"라고 말한다. 그것은 "날카로운 가시로/스스로 몸을 찔러/핏빛으로 물드는 꽃"

이기에 아픔과 말 못 할 사연으로 가득하지만, '누군가의 봄' '누군가의 그리움'으로 불리기 위해서인지 아픔을 참아내고 침묵으로 상처의 꽃을 피워낸 것이다.

  자본과 권력만이 주인 노릇하는 세상에서 스스로 몸을 찔러 누군가의 봄과 누군가의 그리움으로 피어날 사람이 누가 있을까? 스님이나 신부 등 수도승일까? 문화가 산업화 되어버린 세상에서 여전히 수공업으로 세계의 진실, 삶의 위의를 위해 살갗과 심장 깊숙이 피를 새기는 시인이나 작가일까?

  여하튼 이런 자연 소재들로 모과, 상사화, 익은 밤, 꽃무릇, 민들레, 참꽃 등이 수시로 등장하는데, 일반적이고 상식적인 꽃의 생태에서 극히 평이한 생각과 깨달음을 끌어내는 시, 그리고 거기에 재미와 리듬까지 더한 시가 다음에 또 있다.

    초장으로 무장한 두릅나물의
    쌉싸름하고 새콤달콤한 맛

    된장 품에 안긴 머위나물의
    씁쓸하면서 달짝지근한 맛

    양념에 무친 냉이 달래의
    알싸하고 향긋한 맛

멸치 다시마 육수에
두부와 바지락을 넣고
보글보글 끓인 쑥 된장국의
쌉싸름하고 깊고 개운한 맛

나물 맛으로 오는 봄은
향기롭고 싱그러운 맛,
자연의 부엌에서
겨울의 요리사가 만들어 내는 맛

- 「봄맛」 부분

 이 시는 봄의 대표적인 나물인 두릅, 머위, 냉이, 달래 등으로 쌉싸름하고 새콤달콤하고 달짝지근하고 알싸하고 향긋하고 깊고 개운하고 싱그러운 무침과 된장국 등 "자연의 부엌에서/겨울의 요리사가 만들어 내는" '봄맛'을 리듬감 있게 그려낸 시다.

 이 시도 글을 읽을 줄 아는 사람이면 누구나 알아먹을 수 있게끔 쓴 것으로, 어깨가 들썩들썩하게 하는 리듬감이 일품이다. 마치 어린이들의 말놀이 동시와 닮은 이 시는 김도희 시인의 천진무구한 성격을 너무 잘 드러내고 있다. 이런 시를 읽다 보면 우리의 심성도 어느덧 여러 '봄맛'을 싱그럽게 맛볼 수 있게끔 환히 열릴 것만 같다.

2

 동아시아 미학의 정수라는 당나라 말엽의 시인 사공도司空圖의 시론집『시품詩品』은 웅혼, 충담, 섬농으로 시작하는 스물네 개의 풍격風格을 일종의 시로 표현하여 당시 문인들에게 광범위하게 퍼져 있던 시학 텍스트다. 거기에 스물네 개의 풍격 중 하나로 나오는 '충담沖淡'은 평화롭고 담백한 성질이나 상태를 말하는데, 세속에 물들지 않고 소박하고 자연스럽게 살아가는 고상한 취미를 지닌 사람을 평하는 말로 사용하다가 점차 인격미를 표현하는 미학용어로 사용하게 되었다. 그런 충담과 유사한 '평담平淡'이라는 말이 있다.

 그런데 김도희 시인의 상식적이고 평이한 시들이 조금이라도 그 평담미에 닿아 있다고 생각할 수 있는 지점이 있다. 그의 시는 화려함이나 번잡스러움에서 멀리 있다. 그의 시는 소박하고 자연스럽다. 그의 시는 조탁한 느낌이 없이 무척 투박하다. 바로 이것들이 평담미에 닿아 있다고 말할 수 있는 것들이다. 물론 이런 성격들이 아직 그의 시가 표현의 미숙성과 시유의 일천 때문에 기인한다는 것도 틀림없는 사실이다. 하지만 그 진정성만큼은 누구도 부인할 수 없다.

 김도희 시인이 자연 소재를 즐겨 다루는 한편 사람들에 관한 시가 또한 여러 편이다. 사람을 쓴 시 가운데 일품인 것은「구두닦이」,「칼 든 여자」이다.

마트 앞 귀퉁이 좁은 구둣방

좁은 케이지 안에서

톡톡 딱딱

고행을 이어 가는 스님처럼

구두를 두드리는 아저씨

신발 끈도 수선하고,

신발 밑창도 고쳐

반질반질 광택을 내는

정성과 손놀림이 놀랍다

수선이 끝나면,

나는 인사도 않고 서둘러 자리를 떠난다

세상일에 쫓기듯,

내 몸이 쓰러질 때

깨닫는다

나 역시 좁은 사무실에 갇혀

회사가 원하는 구두를 닦고 있음을

다시 구둣방을 찾을 때엔

인사를 건넨다

― 「구두닦이」 부분

　세상의 가장 밑바닥에서 세상을 "반질반질 광택을 내는" 사람들이 있다. 구두닦이도 그중 한 사람이다. 좁은 케이지에 갇혀 마치 동안거에 든 고행승처럼 구두를 닦고, 신발 끈과 밑창도 수선하는 구두닦이 아저씨의 "정성과 손놀림이 놀랍다". 그런 정성과 손놀림으로 수선이 끝난 신발을 신고, "인사도 않고 서둘러 자리를 떠"나는 나는 누구인가. 으레 돈 주고 신발을 고쳤으니 그걸로 족하지 구두닦이와 무슨 교감의 마음 같은 것이라도 생길까 봐 서둘러 자리를 뜬 것인가. 하기야 자기의 가장 밑바닥을 밟는 신발을 고쳐야 했기에 망정이지 그렇지 않았더라면 구두닦이와 한자리에 앉아 있을 일이 무어란 말인가. 어쩌면 회사일이 바빠 급히 뛰어갔을 수도 있지 않은가?

하지만 세상일, 회사 일에 지쳐 쓰러질 때야 깨닫는다. "나 역시 좁은 사무실에 갇혀/회사가 원하는 구두를 닦고 있음을" 회사의 가장 밑바닥에서 회사가 원하는 일이라면 궂은일 진창 일 가리지 않고 해대고 있는 씁쓸한 자신을! 그렇다. 자본이 전 지구화 한 세상에서 죽자 사자 하고 그 자본의 노예가 되어서 세상 가장 밑바닥을 닦는 우리들 자신 또한 구두닦이와 같다. 아니 어쩌면 그 구두닦이는 나보다 더 행복하고 자유로운 사람인지 모른다. 사실 그는 자본에 굽신거리지는 않기에 말이다. 매일매일 자기 힘으로 자유롭게 구두를 닦으며 몇천 원의 수고료를 받을 뿐, 그가 지나가는 재벌에게 굴신의 미학을 보인 적은 없다.

> 매일매일 칼질하는 여자,
> 목을 치고 꼬리를 자르고,
> 토막토막 자른다

허기를 자르고 시간을 자른다

굵게 잘게 쫑쫑 썰기도 하고,
단칼에 내려치기도 한다
칼끝으로 다듬고,
칼자루로 찍어 누른다

탁탁 톡톡 쓱쓱
화려하고 찬란한 칼놀림,
능수능란한 손놀림,
칼춤을 춘다

피가 튀어도 비린내가 튀어도
오롯이 맛을 살린다
살아 있는 것도 죽이고,
죽은 기운도 살리는 여자
칼춤을 춘다

― 「칼 든 여자」 전문

이 시에서 '칼 든 여자'는 아무래도 어물전에서 어물을 파는 여자인 모양이다. 새파랗게 날 선 칼로 생선의 목을 치고 꼬리를 자르며 그것을 토막 내어 파는 여자인 것이다. "화려하고 찬란한 칼놀림"으로 칼춤을 추는데, 거기 피가 튀고 비린내가 피어도 상관없다. 갖가지 칼춤으로 삶의 허기도 자르고 시간도 자른다. 그리하여 "살아 있는 것도 죽이고,/죽은 기운도 살리는 여자"가 어물전에 존재하는 것이다.

사람의 먹고 사는 일, 곧 직업에는 별의별 것이 다 있다. 철학자 들뢰즈의 용어에 '리좀'이라는 개념이 있는데, 이는 땅속 덩이줄기를 말한다. 감자를 수확하다 보면 그 밑에 굵은 놈, 자디잔 놈, 중간 크기 등 다양한 감자가 하나의 실 같은 줄기에 연결 돼 뽑혀 나온다. 그처럼 세상에는 교수, 청소부, 사장, 샐러리맨 등 모두 다 제 특성을 가진 여러 직종의 종사자들이 서로 연결 돼 일을 함으로 사회시스템은 돌아간다. 세상에 사장만 있고 청소부가 없다면 하루아침에 거리는 쓰레기로 넘쳐날 것이다. 김도희 시인은 본인이 교수 직함을 가지고 있음에도 세상의 구두닦이, 생선 파는 여자 등을 동등한 인격체로 대하는 상식을 가지고 있다.

3

아무리 상식선을 지키며 살려고 해도, 남들은 일을 하며 살아가는데 남의 피를 빨아먹고 살며 "질병을 옮기고,/사람을 죽이며,/잠자리의 안락함,/삶의 질을 방해하는 모기"(「모기에게 묻는다」) 같은 자들이 세상에 많다. 그 모기들은 과연 누구인가? 평생 손에 흙 한 점, 기름 한 방울 묻혀 보지 않고 나라 세금과 시민 후원금으로 정치를 하며, 좌우편을 갈라 서로 죽일 듯 공격하고 저주하고 막말을 퍼붓는, 그러면서도 입에는 늘 '국민을 위해서'라는 말을 앵무새처럼 달고 다니는 자들이 모기 아닌가. 어디 그뿐인가! 아래의 시를 보자.

> 갈치처럼 먹어 치우는 경쟁사들
> 밴댕이같이 성질 급한 사장님
> 동자개같이 빠각빠각 소리치는 상사
>
> 도시 한복판에 낚시를 던진다
>
> 미적미적 입질만 하는 사람들
> 만사 제쳐두고 덤벼드는 사람들
> 뭔지도 몰라 무관심한 사람들
> 바쁜 탓에 입질 한번 하지 않는 사람들
>
> －「도시 낚시」 부분

경쟁사들과 사장님과 상사들은 도시 한복판에 낚시를 던져 사람들을 낚아채려고 "사람들 모인 곳에 떡밥을 뿌린다". 유령회사를 차려놓고 투자자를 모집하는 척 떡밥을 뿌려놓고 그것에 혹한 사람들이 낚시를 덜컥 물면 투자금을 챙겨 날라버리는 사기꾼들도 모기 같은 자들이다. 「열차 안에서 만난 사람」 하나는 등산 갔다고 오는지 퀴퀴하고 쿰쿰한 냄새를 풍기는 발을 벗어 의자에 걸치고도 안하무인이다. 남이라면 추호라도 배려할 마음이 없는 이런 몰상식한 사람들도 모기 중 하나이다.

 그런가하면 한편으로 우리는 날이면 날마다 '기계 인간'으로 살아간다.

   첩첩 건물 사이 사이
   콘크리트 칸막이에서
   다람쥐 쳇바퀴 모양
   살아가는 사람들
   틈만 나면 번쩍이는 화면 앞에서
   본능과 욕망을 두드린다
   키오스크의 차가운 눈빛,
   말 대신 번쩍이는 화면
   환한 미소,
   웃음마저 잃어가는 사람들
   정해진 시간,
   정해진 길을 따라
   작동하는 기계 인간
   번뜩이는 눈빛,
   사람들끼리 부딪치고,
   깨지는 목소리,
   한 치의 양보도
   조금의 배려도 없이

바쁘게 돌아가는 기계 인간

— 「기계 인간」 전문

이 시에서 나오는 기계 인간은 극히 초보적이다. 닭장 같은 첩첩건물, 케이지 같은 칸막이 안에서 본능과 욕망의 버튼을 누르며 게임에 몰입하고, 키오스크의 차가운 눈빛 아래 말커녕 웃음마저 잃어가는 사람들, 한 치의 양보도 배려도 없이 정해진 시간, 정해진 길을 따라 작동하는 기계 인간이 되어 살아간다. 딥마인드의 창조자 무스타파 슐레이만이 쓴 『더 커밍 웨이브(The coming wave)』에 보면 앞으로의 미래과학이 할 수 있는 마지막 연구는 인공 지능, 합성 생물학, 로봇 공학, 양자 컴퓨팅이라고 한다. 이미 세상을 잠식하는 AI, 모든 것을 자동 완성하는 대규모 언어 모델인 챗GPT는 일상 속 깊숙이 침투해 있다. 이런 세상 속에서 상식선의 사유를 넘지 않는 김도희 시인의 시가 우리의 삶에 어떤 감동을 주고 영양을 끼칠지는 모르겠다. 하지만 기계 인간의 시대에 아직도 모기처럼 사는 인간들도 많은 걸 보면, 김도희 시인의 상식에 대한 부르짖음이 결코 간단히 사라지지 않을 것이라는 생각이 든다.

4

김도희 시인의 이번 시집에 또 한 가지 두드러지는 것은 시간에 대한 의식이다. 시 곳곳에 시간이라는 단어가 무시로 출몰하는데, 사실 세상의 모든 존재는 녹슬고 마모시키고 먼지로 날려버리는 시간의 구속 속에서 살아갈 뿐이다. 그 시간을 극복하고자 하는 많은 종교적 노력이 있고, 철학적 위안이 있고, 세속적으로는 술과 마약 등 쾌락이 있지만, 시간을 탈출한 사람은 아무도 없다.

    34만km를 달린 자동차
    조용했던 엔진이 덜컹거린다
    편안함 속에 즐거웠던 시간들,
    씽씽 달려온 길
    때론 앞차를 들이박기도 했던
    풍상에 시달린 몸
    반짝반짝 빛나던 시절은 지나고
    빛바랜 모습,
    씻어주고 닦아주던
    열정과 사랑은 식어
    이제 손길 대신 빗물에 맡긴다
    주차 턱에 찍히고
    기둥에 부딪힌 상처 자국들,
    함께 걸어온 길 위에 남겨진 파문들,
    지친 몸은 서로를 밀어내며
    숨결은 가파르고
    걸음은 느릿하다

가볍게 오르던 언덕길도 이제는 머뭇거리며,

밀려오는 시간에 떠밀리는 목소리,

힘찬 심장도 헐떡이며

깊어진 주름에 속도마저 잃은 채

수척해진 얼굴로

긴 터널을 지나

4차선 길 위를 힘겹게 달린다

— 「녹슨 시간」 전문

    34만km를 달린 내 자동차의 오늘의 녹슨 시간을 보라. 이것이 사람의 시간 아니고 무엇이겠는가. 이런 녹슨 시간이 닥치기 전에 오늘에 최선을 다해 살라고 현명한 자들은 늘 말한다. 논어 「자한」 편에 "공자께서 냇가에 계실 때 말씀하셨다. '흘러가는 것이 이와 같구나! 밤낮으로 쉬지 않고 흐르는구나逝者如斯夫 不舍晝夜.'"라는 말이 나온다. 천지의 조화가 오고 가는 것은 한순간의 멈춤도 없으니 곧 도의 본체도 그러하다고 해석하는데, 그냥 시간의 무상한 흐름을 안타까워하며 탄식한 것이라고 해도 크게 어긋나지 않는다. 모든 생명체는 한 번밖에 없는 개별자로서의 삶을 파란만장, 변화무쌍하게 산다. 변화의 극점은 죽음이다. 시간과 동행하는 삶의 지속이 중단되면 거기가 죽음이다. 죽음은 자연스런 인생의 종말이다. 위 시의 자동차도 얼마 지나지 않아 죽음을 맞아 시간의 구속에서 놓여나리라.

노을 지는 하늘에 떠 있는
희미한 그림자는 구름인가, 산인가
빛과 어둠 사이에서 나는 누구인가

무관심은 안개처럼 스며들고,
질투는 서리처럼 내린다
믿음은 어디론가 사라지고,
사랑, 우정은 어디에서 만날 수 있나

만남은 점점 짧아지고,
그 경계는 좁아져
한적한 길 위에 홀로 서 있는 나

이마에는 시간의 골이 깊게 패이고
머리엔 서리꽃이 하얗게 피어난다
들판에서 흔들리는 갈대처럼
저무는 저녁놀에 기대어
흐르는 시간에 몸을 맡긴다

-「시간의 그림자」전문

 노을 지는 하늘에 떠 있는 희미한 '그림자'는 무엇인가. 산인가, 구름인가, 시간의 사신인가? 노을 질 무렵 빛과 어둠 사이, 한적한 길 위에 서서 저녁놀에 몸을 기대는 "나는 누구인가?" 이마에는 주름 골이 패이고, 머리엔 서리꽃이 피어난 나는 지금 들판의 마른 갈대처럼 흔들리며, 흐르는 시간에 몸을 맡긴다. 그런 나는 도대체 누구인가? 세상에 대한 무관심, 앞선 자에 대한 질투, 사람들 간의 부서진 믿음만 커가고 사랑과 우정은 사라졌다. 그래서 만남은 점점 짧아지고 만남의 경계도 날로 좁아졌기에 저녁놀 내리는 한적한 길가에 홀로 서 있는 나는 다만 혼자일 뿐인 것이다. 그런 나를 향해 손짓하는지도 모를 노을 속에 떠 있는 희미한 그림자는 과연 무엇인가?

이번 김도희 시인의 시집에서 첫째 자연 소재의 시를 통해 자연의 이치와 조화에 대해 살펴보았고, 두 번째 무엇보다도 사람의 시를 통해 개개인의 삶의 내력과 희망에 대해서 얘기해 보았다. 세 번째는 사회의식의 시를 들여다보았고, 네 번째는 모든 존재의 운명적 부조리인 시간의식 속의 인간 모습을 반추해 보았다.

김도희 시인의 시는 모두 상식선을 잘 지킨 시들이다. 문학의 전문 영역에서 말한다면 건강한 '아마추어리즘'으로 가득한 시인 것이다.『사랑의 단상』을 쓴 롤랑 바르트는 시인이나 예술가는 그가 누구이건 아마추어로 있을 때 가장 싱그러운 예술을 한다고 믿는다. 그 시와 예술에 대한 사랑과 열정은 순수하고 뜨겁고 희망으로 가득하다는 것이다. 실제가 그렇다. 문학의 전문 영역에 들어서서 그곳에 살아남기 위해서는 한 생애를 다 바쳐도 부족한 것이 예술이다.

김도희 교수는 지금까지 40년 이상 환경공학 분야에서 시약과 기기를 다루다가 예순을 넘어 시를 쓰기 시작했다고 한다. 시뿐만이 아니라 서예에도 입문하여 이미 어느 정도 기량에 올라서 있는 줄 안다. 이공계 출신으로 이토록 인문학에 목말라하는 김도희 시인이 아름답다.

장미의 시간을 생각한다

초판1쇄 찍은 날 | 2025년 10월 17일
초판1쇄 펴낸 날 | 2025년 10월 24일

지은이 | 김도희
펴낸이 | 송광룡
펴낸곳 | 문학들
등록 | 2005년 8월 24일 제2005 1-2호
주소 | 61489 광주광역시 동구 천변우로 487(학동) 2층
전화 | 062-651-6968
팩스 | 062-651-9690
전자우편 | munhakdle@daum.net
블로그 | blog.naver.com/munhakdlesimmian

ⓒ 김도희 2025
ISBN 979-11-94544-18-0   03810

• 잘못된 책은 바꿔드립니다.
• 이 책 내용의 전부 또는 일부를 재사용하려면
  반드시 저작권자와 문학들의 동의를 받아야 합니다.
• 책값은 뒤표지에 표시되어 있습니다.